AF230227

Cantiques pour
Noël 1822.
23 7bre

CANTIQUES

POUR

LE JOUR DE NOËL.

A NANTES,

Chez Forest, Imprimeur-Libraire,
près la Bourse. — 1822.

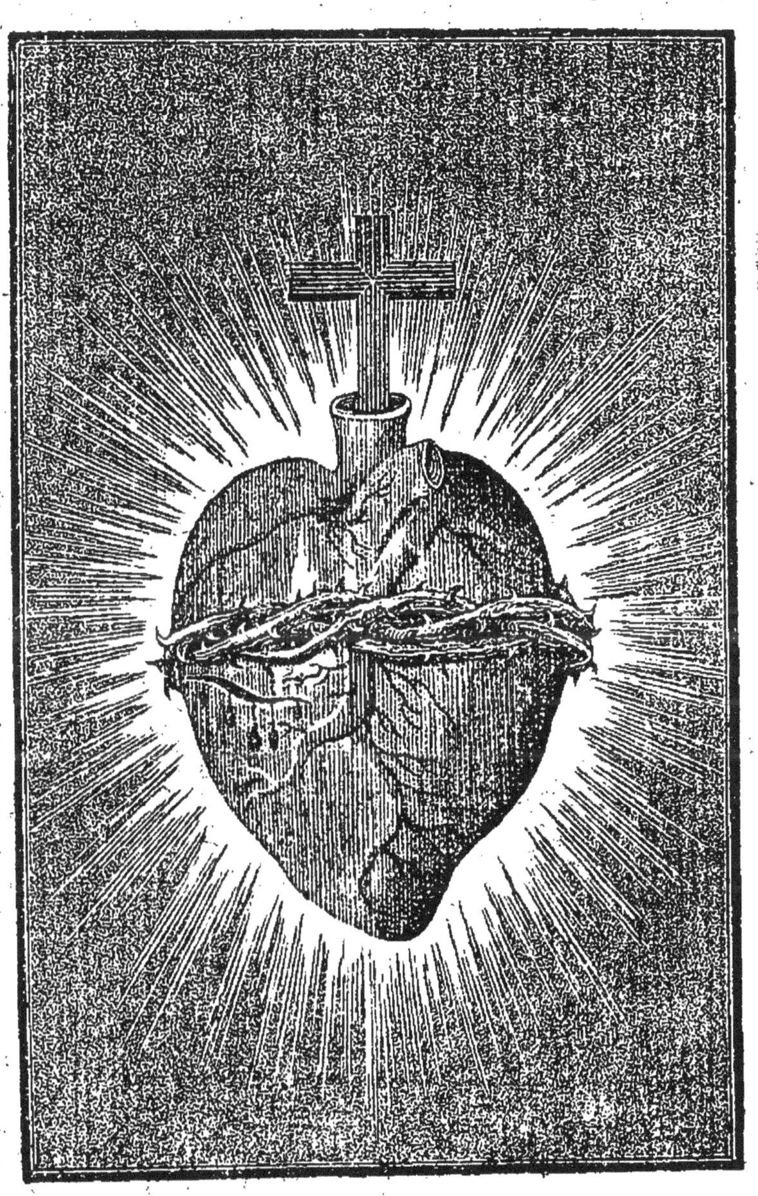

SACRÉ CŒUR DE JÉSUS.

CANTIQUES
POUR LE JOUR DE NOËL.

CANTIQUE PREMIER.

Pierrot.

J'ENTENDS un grand bruit dans les airs :   *bis.*
Colin, écoute ces concerts ;
Tout retentit dans nos déserts ;
Voyons quelle est cette merveille :
En fut - il jamais de pareille ?

Colin.

Pierrot, je suis tout étonné ;   *bis.*
Au bruit je me suis éveillé,
Et mon esprit émerveillé,
Non plus que vous, ne peut comprendre
Ce que le Ciel veut nous apprendre.

Pierrot.

Colin, au milieu de la nuit   *bis.*
Je vois le soleil qui reluit ;
Il semble que tout reverdit :
Sachons ce que cela veut dire ;
Quelqu'un pourra nous en instruire.

Colin.

J'aperçois le berger Clément,   *bis.*
Qui court avec empressement ;
Dis - lui qu'il attende un moment ;
Il nous dira quelques nouvelles :
Il en sait toujours des plus belles.

Pierrot.

Clément, où courrez - vous si fort ;   *bis.*
Et qui vous cause ces transports ?
Dites - le - nous ; votre rapport
Calmera notre inquiétude,
En nous tirant d'incertitude.

Clément.

Ne savez - vous pas qu'en ces lieux   *bis.*
Un Ange est descendu des cieux ,
Qui nous a dit d'un ton joyeux :
Ecoutez - moi , troupe fidelle ;
J'apporte une bonne nouvelle ,

Pierrot.

Clément, nous n'avons rien appris ;   *bis.*
Un doux sommeil nous a surpris ;
Ainsi nous n'avons pas compris
Le sujet de tant d'alégresse ;
Dites - le - nous ; rien ne vous presse.

Clément.

Cet ambassadeur ravissant   *bis.*
Nous a dit que le Tout - Puissant ,
Pour nous sauver, s'est fait enfant ,
Et qu'à la pauvreté des langes
On connaîtra le Roi des Anges.

Enfin, il nous a dit à tous: *bis.*
Ce bel Enfant est né pour vous.
Or, sus, bergers, dépêchons-nous,
Ne différons pas davantage,
Allons de cœur lui rendre hommage.

De nos troupeaux laissons le soin,   *bis.*
Pour aller voir dans le besoin
Notre Dieu couché sur du foin,
Sans lit, sans bois, sans couverture,
Au coin d'une vieille masure.

Pierrot.

Clément, puisque ce nouveau né   *bis.*
Est comme un pauvre infortuné,
De tout le monde abandonné,
Et que sur la paille il repose,
Il faut lui porter quelque chose.

Clément.

Adrien, ce jeune berger,   *bis.*
Porte des œufs dans un panier,
Commère Jeanne, un oreiller,
Des drapeaux, une couverture;
Pour qu'il ne soit plus sur la dure.

Robin lui porte son manteau,   *bis.*
Et notre voisine, un gâteau;
Pour moi, j'ai pris un tendre agneau,
Le plus gras de ma bergerie,
Pour porter au Fils de Marie.

Pierrot.

Notre Catin, toute de cœur,   *bis.*
Nous suit, et porte avec honneur
Des fruits, du lait, un pot de fleurs;

Car ce Dieu réduit à l'enfance,
Manque de tout à sa naissance.

Clément.

Que ne puis-je aussi faire un don !   *bis.*
Mais, hélas ! je n'ai rien de bon
Pour présenter à ce poupon,
Qu'un peu de beurre et de fromage
Que produit mon petit ménage.

Colin.

Pour moi, je ne fais pas le fin ;   *bis.*
Je suis pauvre, et n'ai pour butin
Qu'un faix de bois que, ce matin,
J'ai serré dans le voisinage :
Il aura tout et sans partage.

Clément.

Ne vous apercevez - vous pas   *bis.*
Qu'on est rendu ? doublons le pas ;
Silence, causeurs, parlez bas ;
Peut - être que l'enfant sommeille ;
Il ne faut pas qu'on le réveille.

Pierrot.

Qui de nous ira le premier ?   *bis.*
J'aperçois le grand Olivier :
Ce bon vieillard sait son métier ;
Il parlera mieux que tout autre ;
C'est mon avis, est - ce le vôtre ?

Clément.

Sans doute ce sage vieillard,   *bis.*
Pourvu qu'il ne soit pas trop tard,
Dira le mieux ; et, de ma part,
Je ne suis point un trouble fête,
Je consens qu'il marche à la tête.

Pierrot.

Maître Olivier, dépêchez-vous ;   *bis.*
Vous êtes député de tous,
Comme ayant plus d'esprit que nous,
Pour entretenir notre maître
Au nom de la troupe champêtre.

Olivier.

Bergers, ce sera mon plaisir ;   *bis.*
Je n'ai pas de plus grand désir
Que de contempler à loisir
Un Dieu qui, pour sauver les hommes,
S'est fait mortel comme nous sommes.

Pierrot.

Chers amis, ne différons pas.   *bis.*
Ah ! je le vois entre les bras
D'une Vierge pleine d'appas,
Qui le chérit, qui le caresse
Avec une extrême tendresse.

Je suis saisi d'étonnement,   *bis.*
Voyant l'étrange abaissement
Du souverain du firmament.
Olivier, entrez au plus vîte
L'adorer en son pauvre gîte.

Olivier, au pied de la crèche.

Nous voici, mon divin Sauveur,   *bis.*
Prosternés d'esprit et de cœur.
Pour adorer votre grandeur.
Recevez nos profonds hommages ;
Nous voulons tous être à vos gages.

Nous sommes de simples bergers   *bis.*
Que de célestes messagers

Ont fait quitter champs et vergers,
Pour venir vous voir dans la crèche,
Couché dessus la paille sèche.

Seigneur, dans vos besoins pressans,   *bis.*
Recevez nos petits présents ;
Et, pour que nous soyons contens,
Daignez nous bénir, je vous prie,
Vous et l'admirable Marie.

CANTIQUE II.

Quand Dieu naquit à Noël,
    Dedans la Judée,
On vit ce jour solennel
    De joie inondée.
Il n'était petit ni grand
Qui n'apportât son présent,
    Et n'o, n'o, n'o, n'o,
    Et n'offrir, frir, frir,
    Et n'o, n'o, et n'offrir,
    Et n'offrir sans cesse
    Toute sa richesse.

L'un apportait un agneau
    Avec un grand zèle ;
L'autre, un peu de lait nouveau
    Dedans une écuelle ;
Tel, sous ses pauvres habits,
Cachait un peu de pain bis
    Pour la, la, la, la,

Pour la saint x saint, saint,
Pour la, la, pour la saint,
Pour la sainte Vierge,
Et Joseph, concierge.

Ce bon père putatif,
De Jésus, mon maître,
Qu'un pasteur le plus chétif,
Désirait connaître,
D'un air obligeant et doux,
Recevait les dons de tous,
Sans cé, cé, cé, cé,
Sans ré, ré, ré, ré,
Saus cé, cé, sans ré, ré,
Sans cérémonie,
Pour le fruit de vie.

Il ne fut pas jusqu'aux rois
Du rivage Maure,
Qui, joints au nombre de trois,
Ne vinrent encore.
Ces bons princes d'orient
Offrirent, en le priant,
L'en, l'en, l'en, l'en, l'en,
Cens, cens, cens, cens, cens,
L'en, l'en, l'en, cens, cens, cens,
L'encens et la myrrhe,
Et l'or qu'on admire.

Quoiqu'il n'en eut pas besoin,
Jésus, notre maître,
En prit avec un grand soin,
Pour faire connaître
Qu'il avait les qualités,
Par ces dons représentés,
D'un vrai, vrai, vrai, vrai,

1*

D'un roi, roi, roi, roi,
D'un vrai, vrai, d'un roi, roi,
D'un vrai roi de gloire,
En qui l'on doit croire.

Plaise à ce divin Enfant
Nous faire la grâce
Dans son séjour triomphant
D'avoir une place,
Si nous y sommes jamais,
Nous goûterons une paix
De lon, lon, lon, lon,
De gue, gue, gue, gue,
De lon, lon, de gue, gue,
De longue durée,
Dans cette empirée.

~~~~~~~~~~~~~~~~~~~~~~~~~~~~~

CANTIQUE III.

~~~~~~

PROMPTEMENT levez-vous,
Mon voisin,
Le Sauveur de la terre,
Est enfin parmi nous,
Mon voisin,
Envoyé de son père,
Mon voisin,
Allez, mon voisin, à la crèche,
Mon voisin,
Allez, mon voisin, à la crèche.

Veillant sur mon troupeau,
Mon voisin,
Autour de ce village,
J'entends un air nouveau,
Mon voisin,
Et du plus doux langage,
Mon voisin.
Allez, mon voisin, etc., etc., etc.

Rempli d'étonnement,
Mon voisin,
Je laisse ma houlette,
Pour voir ce Dieu naissant,
Mon voisin,
Accomplir le Prophète,
Mon voisin.
Allez, mon voisin, etc., etc., etc.

Dans l'admiration,
Mon voisin,
Entrant dedans l'étable,
J'adore ce poupon,
Mon voisin,
Mon Jésus ineffable,
Mon voisin.
Allez, mon voisin, etc., etc., etc.

Après quelques momens,
Mon voisin,
Ayant fait ma prière,
Je porte mes présens,
Mon voisin,
A l'Enfant et la Mère,
Mon voisin.
Allez, mon voisin, etc., etc., etc.

Je ne suis point trompeur,
    Mon voisin,
Les choses sont certaines :
Notre divin Sauveur,
    Mon voisin,
Finit toutes nos peines,
    Mon voisin.
Allez, mon voisin, etc., etc., etc.

    Mon Dieu manque de tout,
        Mon voisin ;
Portez – lui quelque chose.
S'il souffre, c'est pour nous,
        Mon voisin,
Nous en sommes la cause,
        Mon voisin.
Allez, mon voisin, etc., etc., etc.

    Choisissez le meilleur,
        Mon voisin,
De votre bergerie ;
Donnez – le de bon cœur,
        Mon voisin,
A Joseph et Marie,
        Mon voisin.
Allez, mon voisin, etc., etc., etc.

    L'enfer est confondu,
        Mon voisin,
Le Ciel a la victoire.
Du Messie attendu,
        Mon voisin,
Chantons, chantons la gloire,
        Mon voisin.
Allez, mon voisin, etc., etc., etc.

FIN.

CANTIQUE IV.

O DIEU ! quelle nouveauté
Gabriel a rapporté :
Il dit que le Tout - Puissant
    Souvenez - vous - en ,   *bis.*
Sans plus de retardement
Pour vous se doit faire enfant.   *bis.*

    Dieu créa l'homme parfait,
Le faisant à son portrait ;
Il l'aima si tendrement,
    Souvenez - vous - en ,   *bis.*
Qu'il traitait à tout moment
Avec lui fort librement.   *bis.*

    Mais le démon envieux
De le savoir si heureux ,
Par un fin déguisement ,
    Souvenez - vous - en ,   *bis.*
Le fit malicieusement
Passer son contentement.   *bis.*

    Par cette infidélité ,
Lui fit ravir sa beauté ;
Et d'un objet si charmant,
    Souvenez - vous - en ,   *bis.*
Devient par ce changement
La haine du Tout - Puissant.   *bis.*

Mais le Dieu plein d'amitié
Le prit si fort en pitié,
Que d'une Vierge naissant,
    Souvenez - vous - en,   *bis.*
Se fit paisible et souffrant,
Pour partager son tourment.   *bis.*

C'est dans ce tems bien heureux
Que doivent s'ouvrir les cieux,
Pour donner à tout vivant,
    Souvenez - vous - en,   *bis.*
L'homme juste et innocent,
Pour leur raccommodement.   *bis.*

Courez promptement, pécheur
Recevoir votre Sauveur ;
Il est né si pauvrement,
    Souvenez - vous - en,   *bis.*
Qu'une étable seulement
Doit être son logement.   *bis.*

Dans cet état malheureux,
Il est pourtant Roi des cieux.
La terre et le firmament,
    Souvenez - vous - en,   *bis.*
Les trônes pareillement
Sont soumis à cet enfant.   *bis.*

Offrons donc à ce vainqueur
L'hommage de notre cœur,
Puisqu'il dit en soupirant,
    Souvenez - vous - en,   *bis.*
Que c'est lui seul dans ce tems
Qui peut le rendre content.   *bis.*

FIN.

CANTIQUE V.

QUAND Jésus naquit du sein
　　De la Vierge, sa mère,
Plusieurs Anges ayant eu dessein
　　D'annoncer ce mystère
Tombé du ciel, tombé du ciel,
　　Tombé du ciel en terre.

Pour aller chercher les bergers,
　　L'un vole et l'autre trotte;
Dans les champs et dans les vergers
　　On les trouva par botte,
Qui faisaient la, la, la, la, la,
　　Qui faisaient la ribotte.

Margot porta des écus neufs,
　　Toinon, une layette,
Et moi, je lui portai trois œufs
　　De la grosse poulette,
Pour faire une o, pour faire une o,
　　Pour faire une omelette.

Bien bonjour, monsieur saint Joseph
　　Et la Vierge Marie,
Et bonjour, mon Seigneur Jésus,
　　Le chef-d'œuvre de vie,
Et bonjour la, la, la, la, la,
　　Bonjour la compagnie.

FIN.

CANTIQUE VI.

BERGERS, allons voir dans l'étable
Ce divin Fils du Tout-Puissant ;
Puisqu'il est là si misérable,
Portons - lui chacun nos présents.
Il nous accordera nos voix,
      Bergers et bergères,
Il nous accordera nos voix
      Sur nos hauts-bois,   *bis.*

  On dit que ce grand Roi des Anges
Est nu entre deux animaux ;
Philis lui portera des langes,
Et toi, Climène, des drapeaux.
Il nous accordera, etc., etc., etc.

  Sus, sus, bergers, que l'on s'avance ;
Je vois ce petit enfant Dieu ;
Faisons - lui tous la révérence,
En entrant dans ce sacré lieu.
Il nous accordera, etc., etc., etc.

FIN.

CANTIQUE VII.

Pour votre amour un Sauveur vient de naître;
Laissez, bergers, laissez vos moutons paître,
Et venez tous adorer votre maître.

Il est logé dans un antre champêtre,
Ce Dieu naissant, qui nous a donné l'être;
C'est votre Roi, venez le reconnaître.

Vous le verrez, cet enfant adorable,
Dans un état pauvre et très – misérable;
Mais cet état doit vous le rendre aimable.

Ses petits cris, ses yeux baignés de larmes,
Ses doux regards, ses soupirs pleins de charmes,
Vous coûteront mille tendres alarmes.

Voyez, bergers, combien ce Dieu vous aime :
Jusqu'à l'enfance il s'abaisse lui-même.
Que rendrez - vous à son amour extrême ?

Nous lui rendrons tendresse pour tendresse;
Nous le craindrons jusque dans la faiblesse,
Et nous prendrons sa mère pour maîtresse.

Vierge sacrée, incomparable mère
D'un Dieu naissant, aussi grand que son Père,
Appliquez - nous le fruit de ce mystère.

FIN.

CANTIQUE VIII.

Dans le calme de la nuit
J'ai entendu un grand bruit :
   Une voix, plusieurs fois,
Plus angélique qu'humaine,
   Une voix, plusieurs fois,
Rendait gloire au Roi des rois.

   Je n'entendais qu'à demi,
Car j'étais tout endormi ;
   Cependant ce doux chant
M'a fait ouvrir les oreilles ;
   Cependant ce doux chant
M'a fait lever promptement.

   Plus en plus je m'approchais,
Et mieux en mieux j'entendais :
   O le chant ravissant !
Je n'ai ouï voix pareille ;
   O le chant ravissant !
M'écriai - je hautement.

   J'ai couru dans le hameau,
Tête nue et sans chapeau ;
   Tout ronflait et dormait,
Dans un repos bien tranquille ;
   Tout ronflait et dormait,
Et personne ne m'entendait.

   Sus, levez - vous, compagnons,
L'autre nuit nous dormirons :
   Dépêchez et sortez,

Venez avec moi entendre;
  Dépêchez et sortez,
Et tout ravis vous serez.

  Aussitôt fait comme dit,
Et les grands, et les petits
  Me suivant, en sortant,
Ils ont ouï la musique;
  Me suivant, en sortant,
Ils admirèrent ce beau chant.

  L'Ange qui si bien chantait,
Clairement nous instruisait :
  Cette nuit, à minuit,
Est né le Sauveur des hommes;
  Cette nuit, à minuit,
Sur le foin il est réduit.

  Allons voir ce bel enfant,
Pasteur, dit-il promptement.
  Sans douter ni errer,
Croyez à cette nouvelle;
  Sans douter ni errer,
Allons vîte l'adorer.

  De cet oracle divin
Ayant appris le chemin;
  Le suivant promptement,
Avons trouvé le Messie,
  Le suivant promptement,
Avons adoré l'Enfant.

  Il était, ce beau poupon,
En pitoyable façon;
  De grand froid il tremblait;
A peine avait-il des langes;
  De grand froid il tremblait;
Sa sainte mère en pleurait.

CANTIQUE IX.

Cʜᴀɴᴛᴏɴs les louanges
D'un Dieu plein d'amour ;
Imitons les Anges,
Dans un si beau jour.
Avec leurs trompettes,
Mêlons nos hauts-bois,
Et, dans nos retraites,
Disons mille fois :
Alleluia ! alleluia !
Kyrie, Christe, kyrie eleison.

Jesus vient de naître
Pour nous rendre heureux ;
Il fait disparaître
Tous nos soins fâcheux.
Nos plaintes finissent,
Nous sortons des fers ;
Les airs retentissent
De nos doux concerts :
Alleluia ! etc., etc., etc.

Que chacun s'assemble
Dans ces lieux charmans ;
Montrons tous ensemble
Notre empressement.
Que l'écho fidèle,
Du fond de nos bois,
Voyant notre zèle,
Réponde à nos voix.
Alleluia ! etc., etc., etc.

Que tout soit sensible
A notre bonheur ;
Que l'hiver terrible
Calme sa rigueur ;
Que tous nos bocages,
Nos prés, nos vallons
Bravent les ravages
Des fiers aquilons.
Alleluia ! etc., etc., etc.

Paisibles fontaines,
Tranquilles ruisseaux,
Faites sur les plaines
Serpenter vos eaux ;
Qu'à ce doux murmure
Le charmant printems
Rende la verdure
Et les fleurs aux champs.
Alleluia ! etc., etc., etc.

Pourquoi tant attendre,
Aimables oiseaux,
De nous faire entendre
Vos concerts nouveaux ?
De nos saints hommages
Devenez jaloux,
Et, dans vos ramages,
Dites avec nous :
Alleluia ! etc., etc., etc.

Brebis innocentes,
Et vous, chers moutons,
Sur les fleurs naissantes
Faites mille bonds.
Que tu vas bien paître,
Trop heureux troupeau !

Il te vient de naître
Un pasteur nouveau.
Alleluia ! etc. , etc. , etc.

O ! quelle alégresse
Régne en ces bas lieux !
Chacun s'intéresse
Dans nos chants joyeux.
A peine on voit luire
Ce jour fortuné ,
Que tout semble dire :
Le Sauveur est né.
Alleluia ! etc. , etc. , etc,

CANTIQUE X.

Célébrons la naissance
Nostri Salvatoris ,
Qui fait la complaisance
Dei sui patris.
Cet enfant tout aimable ,
In nocte mediâ ,
Est né dans une étable ,
De castâ Mariâ.

Cette heureuse nouvelle
Olim pastoribus ,
Par un Ange fidelle
Fuit nuntiatus ,
Leur disant : laissez paître
In agro viridi ;
Venez voir votre Maître ,
Filiumque Dei.

A cette voix céleste,
Omnes hi pastores,
D'un air doux et modeste,
Et multùm gaudentes,
Incontinent marchèrent,
Relicto pecore,
Tous ensemble arrivèrent,
In Bethleem Judæ.

Le premier qu'ils trouvèrent,
Intrantes stabulum,
Fut Joseph, ce bon père,
Senio confectum,
Qui, d'ardeur non pareille,
It obviàm illis,
Les reçoit, les accueille,
Expansis manibus.

Il fait à tous caresse;
Et in præsepio,
Fait voir plein d'alégresse
Matrem cum Filio.
Ces bergers s'étonnèrent,
Intuentes eum
Que les Anges révèrent,
Pannis involutum.

Lors ils se prosternèrent
Cum reverentiâ,
Et tous ils adorèrent,
Pietate summâ,
Ce Sauveur tout aimable,
Qui homo factus est,
Et qui dans une étable
Nasci dignatus est.

D'un cœur humble et sincère,
Suis muneribus ;
Ils donnent à la Mère
Et Filio ejus
Des marques de tendresse ;
Atque his peractis,
Font voir leur alégresse
Hymnis et canticis.

Mille Esprits angéliques,
Juncti pastoribus,
Chantent dans leur musique :
Puer vóbis natus ;
Au Dieu par qui nous sommes,
Gloria in excelsis,
Et la prix soit aux hommes
Bonæ voluntatis.

Jamais pareilles Fêtes,
Judicio omnium ;
Même jusques aux bêtes
Testantur gaudium.
Enfin cette naissance
Cunctis creaturis,
Donne réjouissance,
Et replet gaudiis.

Qu'on ne soit insensible,
Adeamus omnes ,
De Dieu rendu passible
Propter nos mortales ;
Et tous, de compagnie,
Exhortemur eum
Qu'à la fin de la vie,
Det regnum beatum.

FIN.

CANTIQUE XI.

Que n'as-tu vu ce que j'ai vu;
 Ah ! berger, sommeille-tu ?
Le vrai Fils de Dieu revêtu.
Ah ! berger, sommeille, sommeille,
 Ah ! berger, sommeille-tu ?   *bis.*

Le vrai Fils de Dieu revêtu;
 Ah ! berger, sommeille-tu ?
D'un faible corps tremblant et nu,
Ah ! berger, etc., etc., etc.   *bis.*

D'un faible corps tremblant et nu,
 Ah ! berger, sommeille-tu ?
Par lui satan est confondu.
Ah ! berger, etc., etc., etc.   *bis.*

Par lui satan est confondu,
 Ah ! berger, sommeille-tu ?
Il ne sera plus entendu.
Ah ! berger, etc., etc., etc.   *bis.*

Il ne sera plus entendu,
 Ah ! berger sommeille-tu ?
Depuis que l'homme est soutenu.
Ah ! berger, etc., etc., etc,   *bis.*

Depuis que l'homme est soutenu,
   Ah ! berger, sommeille - tu ?
Par la grâce et par la vertu.
Ah ! berger, etc., etc., etc.   *bis.*

  Par la grâce et par la vertu,
   Ah ! berger, sommeille - tu ?
Sans cela, tout était perdu.
Ah ! berger, etc., etc., etc.   *bis.*

  Sans cela, tout était perdu,
   Ah ! berger, sommeille - tu ?
Ce mystère est assez connu.
Ah ! berger, etc., etc., etc.   *bis.*

  Ce mystère est assez connu,
   Ah ! berger sommeille - tu ?
Viens le voir comme je l'ai vu.
Ah ! berger, etc., etc., etc.   *bis.*

  Viens le voir comme je l'ai vu,
   Ah ! berger, sommeille - tu ?
Et tu croiras que je l'ai vu.
Ah ! berger, etc., etc., etc.   *bis.*

CANTIQUE XII.

Deux bergers s'entredisant :
Courons adorer l'Enfant
Qui vient de naître, vraiment,
Pour finir notre misère.
Allons-y donc, mon compère,   } *bis.*
Allons-y donc gaîment.

Courrons adorer l'enfant ;
Allons - y donc gaîment ;
C'est le Dieu du firmament,
Le créateur de la terre.
Allons y donc, etc.   bis.

C'est le Dieu du firmament :
Allons - y donc gaîment.
Portons - lui quelque présent,
Afin qu'il nous soit propice.
Allons - y donc, etc.   bis.

Portons - lui quelque présent ;
Allons - y donc gaîment,
Et faisons - lui compliment ;
Nous ferions mal de nous taire.
Allons - y donc, etc.   bis.

Et faisons - lui compliment,
Allons - y donc gaîment,
Sur son saint avénement
Qui nous est si salutaire.
Allons - y donc, etc.   bis.

Sur son saint avénement,
Allons - y donc gaîment,
Lui demander humblement,
D'un cœur droit, pur et sincère :
Allons - y donc, etc.   bis.

Lui demander humblement,
Allons - y donc gaîment,
Un parfait amendement
Du mal que l'on a pu faire.
Allons - y donc, etc.   bis.

Un parfait amendement,
Allons-y donc gaîment.
Il est doux, il est clément;
Il est bon et débonnaire.
Allons-y donc, etc.   *bis.*

Il est doux, il est clément,
Allons-y donc gaîment;
Il nous aime tendrement,
Puisqu'il s'est fait notre frère.
Allons-y donc, etc.   *bis.*

Il nous aime tendrement,
Allons-y donc gaîment.
Pour réussir surement,
Adressons-nous à sa mère.
Allons-y donc, etc.   *bis.*

Pour réussir surement,
Allons-y donc gaîment.
Promettons-lui fortement
De l'aimer comme un bon père.
Allons-y donc, etc.   *bis.*

~~~~~~~~~~~~~~~~~~~~~~~~~~~~~~~~

CANTIQUE XIII.

MICHAUD veillait
La nuit dans sa chaumière,
Près du hameau,
En gardant son troupeau :
~~~~~~~~~~~~~~~~~~~~~~~~~~~~~~~~

Le ciel brillait
D'une vive lumière.
Ils se mirent à chanter :
Je vois
L'étoile et dix bergers.

                                       bis

Au bruit qu'ils firent,
Les pasteurs de Judée,
Tout en sursaut,
Furent trouver Michaud,
Auquel ils dirent :
La Vierge est accouchée
Sur l'heure de minuit.
Voilà
Ce que l'Ange a prédit.

                                       bis.

Un pauvre toit
Servait de couverture
A la maison
De ce roi de Sion.
Le vent sifflait
D'une horrible froidure,
Au milieu de l'hiver.
Il vient
Pour nous tirer des fers.

                                       bis.

Sa mère était
Assise près la crèche ;
L'Ane mangeait,
Et le Bœuf l'échauffait ;
Joseph priait,
Sans chandelle ni mèche.
Dans ce triste appareil,
Jésus
Brillait comme un soleil.

                                       bis.

Fasse, Seigneur,
Que votre sainte enfance
Nous place aux cieux
Parmi les bienheureux.
Ah ! quel bonheur !
Si, dans notre souffrance,
Nous pouvons mériter
Un bien   *bis.*
Que l'on ne peut ôter.

CANTIQUE XIV.

Les bergers de Nantes,
Ne soyez en souci ;
Que votre joie augmente
Cette journée ici
Que naquit ce Dieu fils,
De la Vierge Marie,
Près le Bœuf et l'Anon, don, don,
De Jésus accoucha, la, la,
Dans une bergerie.

Des Anges de lumière
Ont chanté divers tons
Aux bergers et bergères
Qui gardaient leurs moutons.
Parmi tous ces cantons,

Tout à l'entour de l'onde,
Disant que ce mignon, don, don,
Etait né près de là, la, la,
Pour le salut du monde.

Ils prennent leur houlette
Avec empressement,
Leurs hauts - bois, leurs musettes,
Et s'en vont promptement,
Tout droit, à Saint - Clément,
A travers la montagne,
Etant tout réjouis, ravis
D'aller voir cet enfant naissant,
Joseph et sa compagne.

Cette joyeuse bande
Vient en procession,
Et traversa la lande
Sans faire station,
Ni la collation,
Dansant à l'harmonie
Que faisaient les pasteurs chanteurs,
Lesquels n'étaient pas las, la, la,
De faire symphonie.

Maître Julien Valaire,
Du quartier Saint - Denis,
Fit porter, pour mieux braire,
Du vin de son logis.
Ces enfans réjouis,
Toute cette nuitée,
Se sont mis à crier, chanter
Ut, ré, mi, fa, sol, la, la, la,
A gorge déployée.

Lorsqu'on vidait la coupe,
Un nommé Desaveaux
Faisait de bonne soupe
Avec force naveaux ;
Poulets et pigeonneaux,
Pour faire grande chère,
Outre des ortolans, faisans
Qu'apportait Jean Bardot, point sot,
A l'enfant et la mère.

Comme on était à table,
Un garçon de Nevers,
Sur un luth agréable
Chanta mille beaux airs.
Sur tous les tons divers
Mêlant sa chanterie
De trompette et clairon, don, don,
Avec l'*Alleluia*, la, la,
A Joseph et Marie.

Tous prièrent de grâce
Et la mère, et l'enfant,
De leur faire avoir place
Dedans son paradis :
Ce qui leur fut promis ;
Et puis chacun s'apprête
A aller vers son canton, don, don,
Ils se rendirent là, la, la,
En faisant bonne fête.

FIN.

CANTIQUE XV.

BERGERS, qui êtes ici-bas,
Venez et avancez vos pas,
Laissez vos brebis errer,
Bergers, bergers, revenez, bergers ;
Laissez vos brebis errer,
Paître sur ces côteaux.

Venez voir un berger nouveau,
Le plus joli et le plus beau
Qui vient naître en ce monde ;
Bergers, bergers, revenez, bergers ;
Qui vient naître en ce monde
Parmi tant d'étrangers.

Il est né le soir à minuit ;
Si pauvrement il est réduit
Dans une pauvre étable ;
Bergers, bergers, revenez, bergers,
Dans une pauvre étable,
Parmi tant de dangers.

Son père est le premier berger,
Qui n'a pas voulu le loger ;
C'est pour faire voir sa gloire ;
Bergers, bergers, revenez, bergers ;
C'est pour faire voir sa gloire
Parmi tant d'étrangers.

Sa mère le tient dans ses bras,
Et Joseph lui chauffe ses draps,
Sa mère l'emmaillotte ;
Bergers, bergers, revenez, bergers ;
Sa mère l'emmaillotte
Avec mille baisers.

Trois Rois qui sortent de l'Orient.
Informés de l'événement ;
Conduits par une étoile,
Bergers, bergers, revenez, bergers ;
Conduits par une étoile,
Avec cent passagers.

Ils lui offrirent pour présent,
Et l'or, et la myrrhe, et l'encens :
C'est pour faire voir sa gloire ;
Bergers, bergers, revenez, bergers,
C'est pour faire voir sa gloire
Parmi tant d'étrangers.

CANTIQUE XVI.

Allons voir Jésus naissant,
C'est le Fils du Tout - Puissant.
Remplissons tous nos hameaux
Du son des hauts - bois et des chalumaux ;
Remplissons tous nos hameaux
De nos airs les plus nouveaux. *bis.*

Que tout chante en ces bas lieux
Comme on chante dans les cieux.
Tous les Anges dans les airs,
Chantent : Gloire à Dieu, paix à l'univers ;
Tous les Anges dans les airs
Forment de charmans concerts. *bis.*

Ça, bergers, ne tardez pas,
Accourez, suivez mes pas ;
Venez tous en ce beau jour,
Au plus grand des Rois faire votre cour ;
Venez tous en ce beau jour,
Pour répondre à son amour. *bis.*

Laissons nos moutons épars,
Bondissant de toutes parts ;
Nous ne craignons plus les loups,
Un nouveau pasteur veille ici pour nous ;
Nous ne craignons plus les loups,
Le ciel n'est plus en courroux. *bis.*

Mais quand ces fiers animaux
Fondraient tons sur nos troupeaux,
Pour un Dieu si plein d'appas
On compte pour rien les biens d'ici-bas ;
Pour un Dieu si plein d'appas,
Que ne quitterait-on pas ? *bis.*

Auprès du souverain bien ;
Tout le reste n'est plus rien.
Un Dieu se donne aujourd'hui :
Pour nos autres biens soyons sans ennui,
Un Dieu se donne aujourd'hui,
Nous avons tout avec lui. *bis.*

Le voici l'heureux séjour
Où triomphe son amour.
Quelle ardeur vient m'enflammer !
Que de doux transports viennent me charmer !
Quelle ardeur vient m'enflammer !
Tout me dit qu'il faut l'aimer. *bis.*

Le voici ce doux Sauveur :
Cet objet ravit mon cœur ;
Qu'il est beau, qu'il est charmant !
Qu'il mérite bien mon empressement !
Qu'il est beau, qu'il est charmant !
Qu'il nous aime tendrement ! *bis.*

Dans nos cœurs, divin enfant,
Votre amour est triomphant ;
Nos cœurs se donnent à vous,
Et c'est le présent le plus cher de tous ;
Nos cœurs se donnent à vous :
C'est l'hommage le plus doux. *bis.*

CANTIQUE XVII.

Le Dieu du ciel quitte son trône,
Son trône et sa couronne.
Gloria in excelsis Deo, et in terrâ,
Et in terrâ pax hominibus.

Il est descendu sur la terre,
Afin de terminer la guerre,
Gloria, etc., etc., etc.

Il vient exercer sa justice,
Et de nos cœurs bannir le vice.
Gloria, etc., etc., etc.

Courrez vîte voir son berceau :
On n'a pas vu rien de si beau.
Gloria, etc., etc., etc.

Il est né dedans une étable.
Ah ! que ce Dieu est admirable !
Gloria, etc., etc., etc.

Allons – y tous, dévotement
Adorer le Sauveur naissant.
Gloria, etc., etc., etc.

~~~~~~~~~~~~~~~~~~~~~~~~~~~~~~~~

CANTIQUE XVIII.

Air : *Depuis long-tems Dieu t'appelle.*

Un Dieu naît dans la misère :
Ah ! quel mystère !
Un Dieu naît dans la misère :
Que de grandeur !
Amour seul, tu pouvais faire
Ce prodige en ta faveur.

C'était donc dans la bassesse
Et la faiblesse,
C'était donc dans la bassesse
~~~~~~~~~~~~~~~~~~~~~~~~~~~~~~~~

Qu'on devait voir
Un vainqueur qui, par tendresse
Veut bien borner son pouvoir.

On voit même à sa naissance,
Malgré l'enfance,
On voit même à sa naissance
Sa majesté.
Des prodiges d'abondance
Ont trahi son humanité.

Malgré la nuit la plus noire,
Ici sa gloire,
Malgré la nuit la plus noire,
Semble éclater.
Les Anges chantent victoire ;
Les Rois viennent l'adorer.

Il est doux parmi ces louanges,
Le Roi des Anges,
Il est doux parmi ces louanges,
Le Tout - Puissant ;
Et digne de nos louanges,
Comme dans le firmament.

Courons prouver notre zèle,
Troupe fidelle,
Courons prouver notre zèle
Et notre amour.
D'une ardeur toujours nouvelle,
Brûlons pour lui nuit et jour.

FIN.

CANTIQUE XIX.

Air : *Troupe innocente.*

Dans cette étable,
Que Jésus est charmant !
Qu'il est aimable
Dans cet abaissement !
Que d'attraits à la fois !
Tous les palais des rois
N'ont rien de comparable
Aux beautés que je vois
Dans cette étable.

Que sa puissance
Paraît bien en ce jour !
Malgré l'enfance
Où le réduit l'amour.
L'esclave racheté
Et tout l'enfer dompté,
Font voir qu'à sa naissance
Rien n'est si redouté
Que sa puissance.

Heureux mystère !
Jésus souffrant pour nous,
D'un Dieu sévère
Appaise le courroux.
Pour sauver le pécheur,
Il naît dans la douleur,

Et sa bonté de père
éclipse sa grandeur :
  Heureux mystère !

S'il est sensible,
C'est plus à nos malheurs,
  Qu'au froid horrible
Qui fait couler nos pleurs.
Après tant de bienfaits,
Que notre cœur, aux traits
D'un amour si visible,
Se rende désormais,
  S'il est sensible.

  Que je vous aime !
Peut-on voir vos appas,
  Beauté suprême,
Et ne vous aimer pas !
Puissant maître des cieux,
Brûlez-moi de ces feux
Dont vous brûlez vous-même :
Ce sont-là tous mes vœux.
  Que je vous aime !

FIN.

CANTIQUE XX.

Air : *Les bergers de Nantes.*

Allons tous à la crèche
Entendre un beau sermon ;
C'est le Sauveur qui prêche
Pour notre guérison.
Nous avons tous besoin
D'un médecin si sage ;
Mais le remède n'est pas loin,
Pourvu que nous prenions le soin
D'en faire un bon usage.

Aux Rois.

Puissances de la terre,
Tombez à ses genoux ;
Il lance le tonnerre,
Il peut vous perdre tous.
De votre autorité
L'éclat va disparaître ;
Vous apprendrez l'humilité,
Tous laisserez votre fierté
Aux pieds de votre maître.

Aux Prélats.

Puissances de l'église,
Venez à votre tour,
D'une âme très - soumise,

Faites — lui votre cour.
Auprès de son berceau
Vous devez vous instruire.
Pour bien veiller sur un troupeau,
Il faut de ce pasteur nouveau
Apprendre à le conduire.

Aux gens de qualité.

Vous, de qui la naissance
Fait le mérite entier,
Voyant son indigence,
N'ayez plus l'air altier ;
Imitez avec soin
Un Dieu dans sa bassesse :
Quoique le ciel en soit témoin,
Il cache sur un peu de foin
Son titre de noblesse.

Aux gens de la justice.

Pour vous, gens de justice,
Apprenez par sa voix,
Qu'il faut que tout fléchisse
Sous ses suprêmes lois.
Protégez l'orphelin,
Et soyez son refuge ;
Le sort du monde est dans ses mains ;
Si vous jugez tous les humains,
Il sera votre juge.

Aux Riches.

Vous qui, dans l'opulence,
Passez des jours si beaux,
Qui tenez l'indigence

Pour le plus grand des maux,
Vous faites trop de cas
D'un vain éclat qui passe ;
Ce pauvre enfant vous dit tout bas,
Qu'on ne s'enrichit ici – bas
Que des biens de la grâce.

Aux Marchands.

Et vous, hommes avides
De trésors passagers,
Pour des profits sordides,
Vous courez mille dangers.
Vous pourriez faire mieux,
Sans tant d'inquiétude
L'enfant qui vient naître en ces lieux
Vous apprend à gagner les cieux,
Quelle béatitude !

Aux Dames mondaines.

Pour vous, beautés mondaines,
De tout âge et tout rang,
Que vos parures vaines
Nous paraissent un néant.
De votre créateur
Vous profanez l'image,
Par le secours d'un art trompeur.
Pourquoi de ce divin auteur
Déformez – vous l'ouvrage ?

A tous, en général.

Pour nous, tant que nous sommes,
Jésus prêche aujourd'hui ;
Il vient chercher les hommes,

Aucun ne vient à lui.
Nous marchons ici - bas
Dans une nuit profonde ;
Il vient pour diriger nos pas ;
Pourquoi ne l'aimerions - nous pas ?
Peut - on aimer le monde ?

CANTIQUE XXI.

O Miracle d'amour,
Mystère impénétrable !
Un Dieu naît, en ce jour,
Tout nu, tout misérable,
Tremblant de froid,
Sans feu, sans bois :
Chantons Noël, Noël, Noël,
Crions : vive le roi des rois !
Chantons Noël.

Béthléem est le lieu,
Destiné par son père.
Il y naît ce grand Dieu,
Sujet à nos misères,
Et sans drapeau,
Et sans berceau.
Chantons, etc., etc., etc.

Sur l'heure de minuit,
L'auteur de la nature,
Ce souverain naquit ;

L'ange nous en assure.
   Allons bergers ,
   Allons chanter.
Chantons, etc. , etc. , etc.

   Mais , ce qui me surprend,
D'apprendre une nouvelle,
Qu'après l'enfantement ,
La mère soit vierge.
   L'ange l'a dit ,
   Cela suffit.
Chantons, etc. , etc. , etc.

   On dit que cet enfant
Abattra nos idoles ,
Quand il sera plus grand ,
Il les rendra frivoles.
   Qu'il doit briser
   A tous nos fers.
Chantons, etc. , etc. , etc.

   Je vais dire à Margot,
Qu'elle coure au plus vîte,
Qu'elle éveille Jacot ,
Pour aller en visite ,
   Au nouveau né ,
   Et l'adorer.
Chantons , etc. , etc. , etc.

   Lève-toi, Jeanneton,
Que ta sœur te conduise,
Va-t-en voir ce poupon,
Fais-lui quelque chemise
   De Lucamanc ,
   Qui soit bien blanc.
Chantons, etc. , etc. , etc.

Pierrot préparera
De poulets quatre paires,
Un chapon des plus gras,
Pour offrir à la mère
  De cet enfant
  Qu'on dit charmant.
Chantons, etc., etc., etc.

    Voici le gros Micheau
Qui suit la voix de l'Ange ;
Il s'en va sans chapeau,
Il apporte des langes
  Et un agneau
  De son troupeau.
Chantons, etc., etc., etc.

    Mon cœur est le présent
Seul digne de lui plaire :
Je l'apporte à l'Enfant,
A Joseph et la Mère.
  Ils le prendront,
  L'accepteront.
Chantons, etc., etc., etc.

    Venez tous, suivez-moi,
Et que chacun s'apprête ;
Venez voir ce grand roi,
Portez votre musette,
  Un violon,
  Un tympanon.
Chantons, etc., etc., etc.

    Claudine, d'où viens-tu ?
Tu parais plus qu'aimable ;
Apprends-nous qu'as-tu vu ?
Est-il vrai qu'en étable

Un Dieu soit né ?
L'as - tu trouvé ?
Chantons , etc , etc., etc.

J'ai vu ce beau poupon,
J'ai vu ce grand mystère;
Il est plus que mignon;
J'ai vu sa sainte mère :
    Elle m'a promis
    Son paradis.
Chantons, etc. , etc. , etc.

Il paraît plus charmant,
Cette beauté suprême,
Que l'aurore en naissant.
Je sens que mon cœur l'aime,
    Car sa douceur
    Charme mon cœur.
Chantons , etc., etc., etc.

Nous voici tous , Seigneur,
Hommes , et femmes, et filles,
Pour vous offrir nos cœurs,
Nos biens et nos familles.
    Tout est à vous ,
    Tout vient de vous.
Chantons , etc. , etc. , etc.

FIN.

CANTIQUE XXII.

O la bonne nouvelle
Qu'on vient nous annoncer,
Une mère est vierge,
Un enfant nous est né.
Bon, bon, bon, acourons - y vîte,
Bon, bon, bon, aconrons - y donc.

Tous les bergers en fête,
Ont quitté leurs troupeaux,
Chantant des chansonnettes,
Dessus leurs chalumeaux.
Bon, bon, bon, etc., etc., etc.

Pour Joseph qui admire
Ce prodige nouveau,
Il ne peut que nous dire :
» Voyez comme il est beau ».
Bon, bon, bon, etc., etc., etc.

Nous verrons cette mère
Belle comme le jour,
Qui sur son sein le serre,
Daus des transports d'amour.
Bon, bon, bon, etc., etc. etc.

Soyons de la partie,
Allons rendre nos vœux,
Au beau fils de Marie,
Qui, est le Roi des Cieux.
Bon, bon, bon, etc., etc., etc.

FIN.

CANTIQUE XXIII.

GRAND Dieu, c'est vous seul que j'implore ;
Serez-vous toujours en courroux ?
Ah ! daignez recevoir encore ,
Le pécheur qui revient à vous.
O mon Dieu , mon Sauveur ,
C'est vous seul que j'implore ,
Régnez seul , régnez dans mon cœur.   *bis.*

De votre gârce souveraine,
Le charme puissant m'a touché.
Hâtez - vous de rompre la chaîne
Qui me tient au joug du péché.
O mon Dieu ! etc., etc.   *bis.*

J'ai défiguré votre image ,
Reproduisez - en tous les traits ;
Détruisez - en moi mon ouvrage,
Et formez le vôtre à jamais.
O mon Dieu ! etc. , etc.   *bis.*

Puis - je dans la pénitence,
Expier ma funeste erreur ,
Et d'une humble persévérance ,
porter au tombeau la ferveur ?
O mon Dieu ! etc. , etc.   *bis.*

Quel doux transport séduit mon âme,
Quand je pense au bien de vous voir !
C'est le seul désir qui m'enflamme ,
Quel plaisir ! quel charmant espoir !
O mon Dieu ! etc., etc.   *bis.*

CANTIQUE XXIV.

GABRIEL a pris sa volée,   *bis.*
Tout droit en Nazareth s'enfuit.
Il trouva la porte fermée,
Et, ô vive Jésus ! ô vive Jésus !
par la fenêtre il entra,
Alleluia ! Alleluia !

Il trouva la porte fermée,   *bis.*
par la fenêtre il entra,
Il trouva la Vierge en prière,
Et, ô vive Jésus ! ô vive Jésus !
Tout aussitôt la salua.
Alleluia ! Alleluia !

En lui disant : vous serez mère, *bis.*
De cet enfant qui naîtra.
Comment cela se peut − il faire ?
Et, ô vive Jésus ! ô vive Jésus !
Fiat voluntas tua.
Alleluia ! Alleluia !

FIN.

CANTIQUE XXV.

L'ANGE annonça à Marie,   *bis.*
Qu'elle concevrait Jésus - Christ.
De la grâce elle fut remplie,
Elle conçût du Saint - Esprit.
     A, a, a, a, a, a, a,
     Ave, Maria, gratiâ plena.

     Voici, Seigneur, votre servante, *bis.*
Soumise à votre volonté,
Je suis en tout obéissante,
Conservez ma virginité.
     A, a, a, a, a, a, a.
     Ave, Maria, gratiâ plena.

     Allons, le Verbe né du Père, *bis.*
Voulant habiter parmi nous,
Prit alors au sein de sa mère,
Le corps qu'il a livré pour nous.
     A, a, a, a, a, a, a.
     Ave, Maria, gratiâ plena.

FIN.

CANTIQUE XXVI.

Air connu.

Marie.

JOSEPH, mon cher fidelle,
Cherchons un logement.
Le tems presse et m'appelle,
A mon acouchement.
Je sens le fruit de vie,
Ce cher enfant des cieux,
Qui d'une sainte envie,
Veut paraître à nos yeux.

Joseph.

Dans ce triste équipage,
Marie, allons chercher,
Par tout le voisinage,
Un endroit pour loger.
« Ouvrez voisin la porte,
» Ayez compassion,
» D'une vierge qui porte,
« Votre rédemption ».

Les voisins de Béthléem.

Hola ! dans la bourgade,
Craignons trop le danger,
Pour donner la passade,

A des gens étrangers.
Au logis de la lune,
Vous n'avez qu'à loger.
Le chien de la commune,
Pourrait bien se venger.

Marie.

Ah ! changez de langage,
Peuple de Béthléem,
Dieu vient chez vous pour gage,
Hélas ! ne craignez rien.
Mettez — vous aux fenêtres,
Écoutez ce dessein :
Votre Dieu, votre maître,
Doit sortir de mon sein.

Les voisins de Béthléem.

Non. Quelque stratagême,
Peut arriver la nuit,
Ou bien, le tour Bohême.
Quand le soleil ne luit,
Sans voir ni clair ni lune,
Les méchans font leurs coups.
Gardez votre fortune,
Passans, retirez - vous.

Joseph.

O ciel ! triste aventure,
Sans trouver un endroit,
Dans ce tems de froidure,
Pour coucher sous le toit.
Créature barbare,
Ta rigueur te fait tort.
Ton cœur déjà s'égare,
Ne plaignant pas mon sort.

Marie.

Puisque la nuit s'approche,
Pour nous mettre à couvert,
Ah! fuyons ce reproche.
J'apperçois au désert,
Une vieille cabanne,
Allons, mon cher époux,
J'entends le bœuf et l'âne,
Qui nous seront plus doux.

Joseph.

Que ferons-nous, Marie,
Dans un si méchant lieu,
Pour conserver la vie
Du petit enfant Dieu?
Le Monarque des Anges,
Naîtra dans un bercail,
Sans feu, sans draps, sans langes,
Ni sans palais royal.

Marie.

Le ciel, je vous assure,
Pourra nous secourir;
Je porte bonne augure:
Sans crainte de périr,
J'entends déjà les anges
qui font, d'un ton joyeux,
Retentir les louanges
Sous la voûte des cieux.

Joseph.

O l'heureuse retraite!
Plus noble mille fois,

Plus riche et plus parfaite
Que le Louvre des rois,
Logeant un Dieu fait homme,
L'auteur du paradis,
Que le Prophète nomme
Le Messie promis.

Marie.

J'entends le coq qui chante:
C'est l'heure de minuit.
O ciel! un Dieu m'enchante;
Je vois mon sacré fruit;
Je pâme, je meurs d'aise:
Venez mon bien aimé,
Que je vous serre et baise;
Mon cœur en est charmé.

Joseph.

Vers Joseph votre père,
Nourrisson plein d'appas,
Du sein de votre mère,
Venez entre mes bras.
Ah ! que je vous caresse,
Victime des pécheurs;
Mêlons, mêlons sans cesse
Nos soupirs et nos pleurs.

FIN.

XXVII.

NOEL NOUVEAU.

Air: *Un jour Pierrot.*

Voisin, d'où venait ce grand bruit
Qui m'a réveillé cette nuit,
Et tous ceux de mon voisinage ;
Vraiment j'étais bien en courroux,
D'entendre par-tout le village,
 Sus, sus, bergers,
Sus, sus, bergers, réveillez-vous. *bis.*

 Quoi donc, Colin, ne sais - tu pas
Qu'un Dieu vient de naître ici-bas,
Qu'il est logé dans une étable ;
Il n'a ni langes ni drapeaux,
Et dans cet état misérable,
 On ne peut voir,
On ne peut voir rien de plus beau. *bis.*

 Qui t'a dit, voisin, qu'en ce lieu,
Voudrait bien s'adresser un Dieu,
Pour qui rien n'est trop magnifique ?
Les Anges nous l'ont fait savoir
Par leur charmante musique
 Qui s'entendit,
Qui s'entendit hier tout le soir. *bis.*

Plusieurs y sont déjà courus,
Quelques-uns en sont revenus,
Et disent que c'est le Messie ;
Que c'est cet aimable Sauveur,
Qui, selon notre prophétie,
    Nous doit causer,
Nous doit causer tant de bonheur.   *bis.*

    Allons donc, bergers, il est tems,
Allons lui porter nos présens,
Et lui faire la révérence.
Voyez comme Jeannot y va :
Suivons – le tous en diligence,
    Et nos troupeaux,
Et nos troupeaux laissons-les là.   *bis.*

    Charlot lui porte un agnelet,
Son petit fils, un pot de lait,
Et deux moineaux dans une cage ;
Robin lui porte du gâteau,
Pierrot du beurre et du fromage,
    Et le gros Jean,
Et le gros Jean, un petit veau.   *bis.*

    Pour moi, puisque ce Dieu Sauveur,
Doit un jour être aussi pasteur,
Je veux lui donner ma houlette,
Ma pannetière avec mon chien,
Mon flageolet et ma musette,
    Et mon sifflet,
Et mon sifflet, s'il le veut bien.   *bis.*

    Sans plus tarder, allons donc tous,
Allons saluer à genoux
Notre Seigneur et notre maître,
Et dans cet aimable séjour

3*

Où pour nous l'amour l'a fait naître,
    Allons pour lui,
Allons pour lui mourir d'amour.   *bis.*

Après avoir fait nos présens
Avec de petits complimens,
Autour de lui tous en cadence,
Nous lui souhaiterons le bonsoir,
Et lui ferons la révérence :
    Adieu, poupon,
Adieu, poupon, jusqu'au revoir.   *bis.*

Ah ! Colin, ah ! que dis-tu là ?
Il ne faut pas faire cela.
J'aimerais mieux perdre la vie.
Restons toujours dans ce saint lieu,
Tenons-lui toujours compagnie,
    Et ne disons,
Et ne disons jamais adieu !   *bis.*

Pour moi, je suis plutôt d'avis
De retirer ce petit fils
De l'étable en ma maisonnette,
Où j'ai préparé sur deux bancs
Un lit en forme de couchette,
    Et des linceuls,
Et des linceuls qui sont tout blancs. *bis.*

Je vais faire tout de mon mieux,
Pour le retenir dans ces lieux,
Et Joseph ainsi que Marie.
Quand ils seront tous trois chez moi,
Ma maison sera plus jolie
    Que le palais
Que le palais du plus grand roi.   *bis.*

Dès aujourd'hui, dans ce dessein,
Sans attendre jusqu'à demain,
Je veux quitter ma bergerie,
Et j'abandonne mon troupeau,
Pour mieux garder toute ma vie,
Dans ma maison,
Dans ma maison ce seul agneau. *bis.*

CANTIQUE XXVIII.

PROTESTATION D'UN CHRETIEN A J.-C.

Air : *Charmante Gabrielle.*

Bel astre que j'adore,
Soleil, qui luis pour moi,
C'est toi seul que j'implore,
Je veux n'aimer que toi.
C'est ma plus chère envie,
Dans ce beau jour
Où je ne dois la vie
Qu'à ton amour.

Du fond de cette crèche,
Où tu te laisses voir,
Ton amour ne me prêche
Qu'un si tendre devoir.
C'est ma, etc., etc., etc.

C'est pour sauver mon âme,
Que tu descends des cieux;
De ta divine flamme
Que je brûle en ces lieux.
C'est ma, etc., etc., etc.

Du monde qui me presse
Je ne suis plus charmé;
Je veux t'aimer sans cesse,
Comme tu m'as aimé.
C'est ma, etc., etc., etc.

Je m'attache à te suivre;
Toi seul peux m'attendrir;
Pour toi seul je veux vivre,
Pour toi je veux mourir.
C'est ma, etc., etc., etc.

Ton nom de ma mémoire
Ne sortira jamais;
Je chanterai ta gloire
Et tes divins bienfaits.
C'est ma, etc., etc., etc.

Sorti de l'esclavage
Où j'ai long-tems été,
Je te veux en hommage
Offrir ma liberté.
C'est ma, etc., etc., etc.

FIN.

CANTIQUE XXIX.

Air : *O Filii et Filiæ.*

C'ÉTAIT à l'heure de minuit,
Qu'un chacun reposait sans bruit,
Alors que la Vierge accoucha.
Alleluia, alleluia, alleluia, alleluia.

Dans cet instant si plein d'appas,
Les anges ne sommeillaient pas;
Ils entonnaient le *Gloria.*
Alleluia, etc., etc, etc.

Allez voir, innocens bergers,
Disaient ces divins messagers,
Naître celui qui tout créa.
Alleluia, etc., etc., etc.

Béthléem est le sacré lieu
Où nous est né le Fils de Dieu.
C'est lui qui nous rachètera.
Alleluia, etc., etc., etc.

Alors les pasteurs éblouis,
Se réveillant tout réjouis,
C'est à qui le premier ira.
Alleluia, etc., etc., etc.

Quand ils furent dans ce séjour,
Eclairés du soleil d'amour,
Chacun à genoux l'adora.
Alleluia, etc., etc., etc.

Jésus était dessus du foin ,
Et Joseph avait pris le soin
De serrer ce qu'on lui donna.
Alleluia , etc. , etc. , etc.

L'étable était à découvert ,
Exposée au froid de l'hiver ;
C'est là qu'un grand Dieu reposa.
Alleluia , etc. , etc. , etc.

Après avoir rendu leurs vœux ,
Ils prirent congé bien joyeux ,
Et Marie les remercia.
Alleluia , etc. , etc. , etc.

CANTIQUE XXX.

POUR LE JOUR DES ROIS.

Sur l'air de la Samaritaine.

Roi qui lance le tonnerre
　　Sur la terre ,
Et qui brille dans les cieux ,
Du couchant jusqu'à l'aurore ,
　　On t'adore :
Ton saint nom vole en tous lieu.

Reçois les profonds hommages
　　De trois Mages
Qu'une étoile ici conduit :

Son éclat, ses vives flammes
De nos âmes
Ont chassé la sombre nuit.

Vois l'ardeur qui nous anime,
Qui s'exprime,
Et nos vœux les plus pressans ;
A cet humble sacrifice
Sois propice ;
Daigne accepter nos présens.

Le premier Roi présentant l'or.

Du métal que je te donne,
Ta couronne
N'a jamais pris sa splendeur.
Je confesse roi suprême
Que toi - même,
Tu fais toute ta grandeur.

Malheureux rois que nous sommes,
Faibles hommes,
Cet éclat frappe nos yeux,
Et nous ne saurions connaître,
Divin maître,
Que tu brilles cent fois mieux.

Le second Roi présentant l'encens.

L'encens que ma main tremblante,
Te présente,
Prouve ta divinité.
C'est l'amour qui t'humilie,
Il t'allie
Avec notre humanité.

Le Dieu que le ciel adore,
  Qu'on implore,
A daigné naître en ce lieu.
Qui l'aurait jamais pu croire ?
  Quelle gloire !
Notre frère est notre Dieu.

Le troisième Roi présentant la myrrhe.

  Ah ! que mon présent m'afflige,
    Il m'oblige
A te voir comme un mortel.
Cette myrrhe te déclare
    Qu'on prépare
Un tombeau pour ton autel.

  Ce tombeau, malgré l'envie,
    A ta vie
Promet un lustre nouveau ;
Et l'éclat de ta victoire,
    Roi de gloire,
N'en doit être que plus beau.

CANTIQUE XXXI.

SUR LE MÊME SUJET.

Bergers, rangez-vous, faites place,
Trois rois sont entrés au hameau ;
D'un astre très-brillant ils ont suivi la trace ;
Ils sont tous éclairés du céleste flambeau.
  Bergers, rangez-vous, faites place.

Je vois le premier qui s'avance,
Qui le reconnaît pour son roi ;
L'or qu'il lui vient offrir m'en est une assurance
Il proteste à ses pieds qu'il veut suivre ses lois
Je vois , etc.

La myrrhe que l'autre lui porte,
Pour marquer son humanité ;
Le troisième paraît tout confus à la porte ;
Il craint, avec son air, d'en être rebuté.
La myrrhe, etc.

Entrez, la noirceur du visage
N'est pas ce qui lui fera peur,
S'écria S. Joseph; votre encens, votre hommage
Seront très-bien reçus. Dieu connaît votre cœur.
Entrez, etc.

Des bords où le jour prend sa source,
Ils viennent dans ce pauvre lieu,
Et ils n'ont entrepris une si longue course,
Que dans le seul dessein d'adorer l'enfant Dieu.
Des bords, etc.

Suivons cette troupe choisie ;
Allons l'adorer tour à tour :
C'est le Fils du Très-Haut, il est le vrai Messie ;
Donnons-lui notre cœur, donnons-lui notre
amour.
Suivons, etc.

FIN.

XXXII.

NOEL NOUVEAU.

Allons, suivons les Mages,
Qui, chargés de présens,
Vont rendre leurs hommages
A ce divin enfant.
Mais le meilleur
Est qu'il donnent leur cœur;
Un cœur ardent
Est tout ce qu'il attend.

Le premier roi lui donne,
Pour gage de sa foi,
Son or et sa couronne,
Le prenant pour son roi.
Mais le meilleur, etc.

Le second lui présente
De l'encens dans ce lieu;
Il n'est plus dans l'attente,
Il sait qu'il voit son Dieu.
Mais le meilleur, etc.

Le dernier qui désire
De satisfaire ainsi,
Lui donne de la myrrhe,
Car il est homme aussi.
Mais le meilleur, etc.

Si, pour toute demande,
Il ne veut que nos cœurs,
Faisons-en une offrande
A ce divin Sauveur.
Je le veux bien,
Je lui donne le mien ;
Faites ainsi,
Donnez le vôtre aussi.

CANTIQUE XXXIII.

DITES-NOUS, aimable Dieu,
Qui vous fait naître en ce lieu.
Est-ce pour briser nos chaînes,
Et pour partager nos peines ?
Dites-nous, aimable Dieu,
Qui vous fait naître en ce lieu.

Pourquoi sous l'umanité,
Cacher la Divinité ?
L'homme a-t-il fait quelque outrage,
A votre adorable image ?
Pourquoi, etc.

Ces liens et ces drapeaux,
Nous retracent tous nos maux,
Notre liberté perdue,
Nous sera-t-elle rendue ?
Ces liens, etc.

Je vois votre humilité ,
Qui confond ma vanité.
Je ne puis jamais descendre ,
Vous venez pour me l'apprendre.
Je vois , etc.

Je vous coûte ces douleurs ,
Ces cris , ces soupirs , ces pleurs ,
C'est pour plaindre ma misère.
Est-il nu plus tendre père ?
Je vous coûte , etc.

Songez-vous , divin enfant '
Que vous êtes triomphant ?
A quoi bon verser des larmes ?
Tout l'enfer vous rend les armes,
Songez vous , etc.

Notre sort était affreux ,
Mais vous le rendez heureux.
Nous avions tous fait naufrage ,
Vous avez calmé l'orage.
Notre sort , etc.

Vous nous sauvez de la mort,
Vous nous conduisez au port,
Vous allez finir nos plaintes ,
Vous allez bannir nos craintes.
Vous nous , etc.

Qu'on ne chante désormais ,
Que les douceurs de la paix.
Plus d'alarmes plus de guerre ,
Puisque vous calmez la terre.
Qu'on ne chante , etc.

Pour trouver un bien si doux,
Il le faut chercher en vous ;
Tout le faux éclat du monde,
Est plus inconstant que l'onde.
Pour trouver, etc.

~~~~~~~~~~~~~~~~~~~~~~~~~~~~~~

CANTIQUE XXXIV.

~~~~~~

O NUIT toute de charmes !
Tu viens commencer mon bonheur.
Tu viens tarir mes larmes,
Me donnant un Sauveur.
Qu'il est aimable cet enfant !
Que son amour pour nous est grand !
Que son pauvre état est touchant !
J'en suis hors de moi-même,
Et je m'écrie en l'adorant :
Jésus, qui ne vous aime
N'a point de sentiment.

Venez, troupe angélique,
Venez, volez, accourez tous ;
Joignez votre musique
A nos chants les plus doux.
Dès que Jésus est en ces lieux,
La terre est autant que les cieux ;
Les hommes sont changés en Dieux.
Le Dieu de la nature
Parmi nous veut bien demeurer ;
Que toute créature
Vienne ici l'adorer.

Homme quelle est ta gloire !
Le Très-Haut descend jusqu'à toi !
Qui jamais eût pu croire
Ce que fait le grand roi !
Pour ton bonheur il vient souffrir ;
Pour ta vie il voudra mourir.
Que la reconnaissance
T'amène devant son berceau ;
Adore la puissance
De cet enfant nouveau.

Esprit jaloux, colère,
Plein de venin, pétri de fiel,
Qui trompa notre père,
Pour nous ravir le ciel,
En quoi nous a nui ta fureur ?
Dieu pardonne à l'homme pécheur,
S'incarne et devient son Sauveur.
Va-t-en avec ta rage ;
Nos liens vont être brisés ;
Tu n'as plus de courage
Pour nous tyranniser.

Pécheur, lève la tête,
Tu peux prétendre même au ciel ;
Il sera la conquête
Des enfans d'Israël.
Cet enfant ouvre le chemin ;
Il nous montre notre destin ;
Que voir Dieu notre unique fin,
Jouir de toute sa gloire,
Est le prix dû à nos vertus.
O triomphe ! ô victoire !
Nous l'avons par Jésus.

FIN.

CANTIQUE XXXV.

Dans une nuit affreuse et sombre,
C'est un soleil qui nous conduit ;
Il rend le jour, il chasse l'ombre ;
Suivons le jour, fuyons la nuit.
Pour nous ouvrir notre carrière,
Il a daigné vivre ici-bas :
C'est une source de lumière ;
Jusqu'au tombeau suivons ses pas. *bis.*

Il fut pour nous un tendre père,
Et sa bonté nous montre à tous,
Qu'il faut avoir pour notre frère
Le même amour qu'il a pour nous.
Il pouvait être roi du monde ;
Il a choisi la pauvreté ;
Que son exemple nous confonde,
Quand nous cherchons la vanité. *bis.*

A peine il sort de son enfance,
Qu'il prêche en maître de la loi ;
Et nous vivons dans l'indolence
Sur les mystères de la foi.
Sa sainte bouche instruit les hommes ;
Sa charité le rend docteur,
Et nous, aveugles que nous sommes,
Nous voulons vivre dans l'erreur. *bis.*

Dans un lieu triste et solitaire,
Il a jeûné quarante jours;
A ce remède salutaire
Nous n'osons pas avoir recours.
Pour publier son évaugile,
Il fut toujours dans les travaux;
Il fut courir de ville en ville,
Et nous n'aimons que le repos.　　*bis.*

Contre le plus sanglant outrage,
Il n'exerça que sa douceur.
La moinre injure nous engage
A nous venger avec fureur.
Il fut soumis à Dieu son père,
Jusques à la mort de la croix;
Et l'homme faible et téméraire,
Avec mépris traite ces lois.　　*bis.*

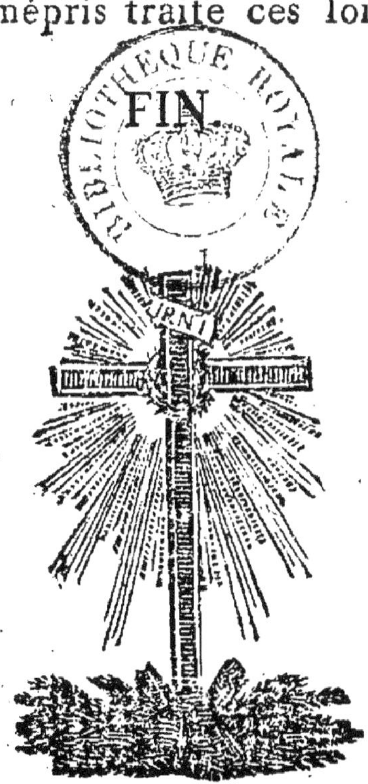